نجمة صغيرة جميلة

كتبت بواسطة
Sylva Nnaekpe

Copyright © 2019 Sylva Nnaekpe.

جميع الحقوق محفوظة. ال يمكن اعادة انتاج اي جزء من هذا الكتاب باي وسيلة، متوسطة،
جرافيك، الكتروني او ميكانيكي، بما في ذلك نسخ، تسجيل، تسجيل
او بواسطة اي نظام لاستعادة تخزين المعلومات بدون اذن مكتوب
من صاحب المؤلف باستثناء في حالة اقتباسات موجزة الواردة في المقالات الهامة
و الاستعراضات.

يمكن طلب الكتب من خلال المكتبات او
عن طريق الاتصال Silsnorra Publishing at:
silsnorra@gmail.com

نظرا للطبيعة الديناميكية للانترنت، اي عنوان على شبكة الانترنت او
الروابط الواردة في هذا الكتاب ربما تغيرت منذ النشر
وقد لا يكون صالحا بعد الان. الاراء التي تم التعبير عنها في هذا العمل هي
فقط اراء صاحب المؤلف ولا تعكس بالضرورة اراء المؤلف،
والناشر بموجب هذا هو اي مسؤولية عنهم.

Isbn: 978-1-951792-22-0 (غطاء ناعم)
Isbn: 978-1-951792-21-3 (غلاف صعب)
Isbn 978-1-951792-73-2(كتاب الكتروني)

طباعة المعلومات المتاحة على الصفحة الاخيرة.

Silsnorra Publishing تاريخ المراجعة**: 10/18/2019**

ولدت ولادي

بالسعادة، والفرح،

والضحك. كان اجمل

مشهد لكي تراه.

لدي اجمل الميزات: الشعر،

العيون، الانف، الاذان،

الاسنان، والفم - تماما مثل

معظم الناس الاخرين

قلبي مليئة

بالشفقة، الحب، والرعاية.

لدي عقل يمكنني ان اتصل

بنفسي.

انا روح حرة، قادرة،
وعلى استعداد لتعلم
واستكشاف اشياء جديدة.

الدم يجري في عروقي،

وانا امر بنفس عملية النمو

والتنمية مثل معظم

الاطفال الاخرين.

اتعلم الزحف، والتحدث،

والجلوس، والمشي،

والمشي، والجري، تماما

مثل العديد من الاطفال الذين

قابلتهم.

انا استمتع بهدايا الحياة -

الهواء، الماء، الطعام، الشراب،

اشعة الشمس، النجوم،

الرمال، وال مواسم -

تماما مثل اي شخص اخر.

لدي الكثير من الطاقة. انا يرتدي

ملابس لتناسب الفصول،

وانا طفل رائع.

انا محاط بالناس

الذين تهتم و يريدون ان ارى

لي اقوم بعمل جيد.

سوف اكبر لكي اكون كل

ما اريد واختار ان اكون، بمساعدة ودعم

من الناس الذين يحبونني،

تهتم بي، وهي حولي.

انا محبوب, و انا اهتم.

بعض الاشياء قد تحاول ان تفصلنا,

ولكن انا على ثقة اننا

معا, يمكننا ان نجعل العالم

افضل مما هو عليه الان.

اسمي هو (فيري).

انا جميلة،

و

وكذلك انت.

THE END